Saleh Dogan

Vom Bosporus zum Ararat

Türkische Spezialitäten

FALKEN

Vorwort

Kulinarische Köstlichkeiten aus meiner Heimat möchte ich allen Freunden der türkischen Küche und denen, die es nach dem Kosten bestimmt noch werden, in meinem Buch vorstellen. Sie werden sehen, daß die türkische Küche wesentlich mehr zu bieten hat als Knoblauch, Hammelfleisch und Olivenöl. Seit vielen Jahren zählen Deutsche zu meinen Stammkunden, die meine Küche und besonders die Vielfalt der Zutaten und Gerichte, der Zubereitungsarten und der Gewürze schätzen. Mein Restaurant „Saray", zu deutsch „Palast" genannt, habe ich mit Liebe zum Detail und im landestypischen Stil eingerichtet. Essen ist in der Türkei ein kulinarisches Ereignis, das man gemeinsam mit vielen Freunden genießt und für das man sich genügend Zeit nimmt. Kalte Vorspeisen, warme Vorspeisen, Fisch, Fleisch, Geflügel, Gemüse, Teigwaren, Reis und die vielen leckeren Desserts wollen in Ruhe verzehrt werden.
Lassen Sie sich nun von meinen Rezepten überraschen. Beim Nachkochen und Kennenlernen der original türkischen Spezialitäten wünsche ich Ihnen viel Erfolg und Freude.

Ihr Saleh Dogan

INHALT

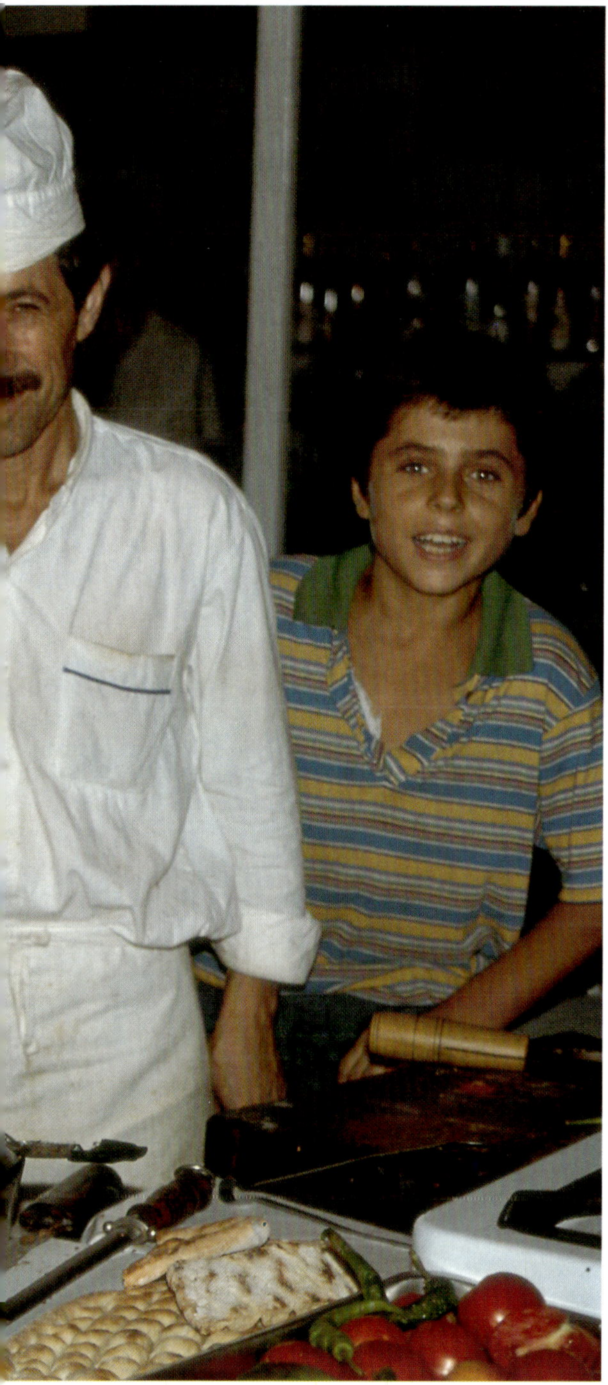

Rund um die türkische Küche

Die Türkei hat landschaftlich viele Gesichter; darauf beruht auch die Vielfalt ihrer Küche. Weideland, Steppenlandschaften, Wälder, Seen, Flüsse und das Meer liefern ein reichhaltiges Angebot an Nahrungsmitteln, die man dort auf erstklassige Weise zuzubereiten versteht. Wer einmal diese Spezialitäten gekostet hat, wird schnell überzeugt sein.

Von Kebap bis Lahmacun

Manch einem ist die türkische Küche schon von einem Urlaub in diesem wunderschönen Land her bekannt. Doch leider wird in den Fremdenverkehrszentren nur eine kleine Auswahl der landestypischen Köstlichkeiten angeboten. Erst wenn man abseits des Touristenstroms ein kleines Restaurant besucht, erfährt man, was es heißt, Gast zu sein. Ihn zu verwöhnen, gebietet die Tradition, und sei es mit dem letzten Huhn aus dem Stall.
Es gibt in den meisten original türkischen Lokalen keine Speisekarte. Man geht in die Küche und verhandelt mit dem Koch, was er auftragen soll und mit welchen Köstlichkeiten man sich verwöhnen lassen kann. Neben den kleinen Lokalen in der Provinz sind in den größeren Städten die Restaurants zu empfehlen, die die bürgerliche türkische Küche pflegen. Dort erwartet den Gast ein breitgefächertes Speisenangebot, das auch dem Europäer zusagt. Als Auftakt sollte man immer eine der köstlichen Suppen („Çorbalar") wählen, zum Beispiel eine Gemüsesuppe oder eine Joghurtsuppe. Ganz besonders reichhaltig und fein sind die Vorspeisen. Ob warm oder kalt, es ist ein Genuß für Auge und Gaumen, wenn diese Köstlichkeiten serviert werden. Was dabei niemals fehlen darf, ist Cacık, ein Knoblauchjoghurt oder der Patlıkan Salatası, ein Auberginensalat. Gerne reicht man Piyaz, einen Salat aus weißen oder roten Bohnen, oder gefüllte Weinblätter. Allerdings sollte man wissen, daß dies alles eigentlich nur der Auftakt war, mit dem ein türkischer Gastgeber seine Freunde und Gäste auf den nächsten Gang, das Hauptgericht, einstimmen will. Angesichts der Fülle des Angebotenen sollte man aber von den einzelnen Gerichten nicht zuviel nehmen, damit man auch jede Köstlichkeit probieren kann, die im Verlaufe eines Menüs oder einer opulenten Rakıtafel serviert wird. Ganz abgesehen davon, wäre der Gastgeber, der Koch oder die Hausfrau, die die Gerichte mit viel Liebe zubereitet und keine Arbeit gescheut haben, zutiefst betrübt, wenn ihr Gast nicht von allem kostete. Nach den Vorspeisen empfiehlt der türkische Feinschmecker die Köstlichkeiten aus dem Wasser. Fische und Meeresfrüchte (Balıklar) werden exzellent zubereitet. Die gedünsteten Fischfilets mit Gemüse, Kräutern und Gewürzen sind eine Delikatesse. Wenn aber erst die Fleisch- und Geflügelgerichte aufgetragen werden, gerät jeder Feinschmecker ins Schwärmen. Meist kurz gebraten oder im eigenen Saft geschmort, wird neben Lamm- und Hammelfleisch vorzugsweise Rind-, Kalb- und Hähnchenfleisch zubereitet. Schweinefleisch ist aus religiösen Gründen verboten, wird aber mittlerweile auch in den größeren Städten für die „Ungläubigen" angeboten.
Wer kennt sie nicht, die pikanten Fleischspieße mit und ohne Gemüsestückchen oder das Döner Kebap, das an einem großen, senkrechten Drehspieß gebratene Fleisch, das scheibenweise in Fladenbrot gewickelt und mit Knoblauchjoghurt überzogen wird.

Eine Gaumenfreude sind auch die Köfte, die verschiedenen Hackfleischkugeln, -frikadellen und -spieße. Ganz besonders geschätzt werden die türkischen Schmorgerichte. Ebenfalls sehr zu empfehlen sind die Gemüsegerichte, da man fast alle Gemüsesorten im eigenen Saft gart, so wie in der europäischen Küche. Als Besonderheit gelten auch die Gemüsespezialitäten, die mit Fleisch zubereitet werden wie Auberginenmoussaka (siehe unser Rezept Seite 47). Erwähnenswert sind aber auch die türkische Pizza und Lahmacun, die kleinen mit Hackfleisch gefüllten Nudeltaschen, die Mantı. Den krönenden Abschluß eines jeden Festmenüs bilden die Tatlılar, Süßspeisen in allen Variationen. Sie erscheinen dem europäischen Gaumen ungewohnt, da sie sehr süß sind. Dessertgebäck wird in der Regel noch mit warmem Zuckersirup übergossen. Einen Siegeszug in der internationalen Süßspeisenküche hat zum Beispiel Baklava, eine Art gefüllter Blätterteigauflauf angetreten. Lang ist die Liste der vielen Rezepte und nur ein kleiner Vorgeschmack unsere Aufzählung. Lassen Sie sich zu einer Schlemmerreise durch die Türkei verführen, und genießen Sie das mediterrane Flair.

Türkische Lebensmittel

Es ist eine Freude für jeden, der sich mit der türkischen Küche befaßt, in einem der mittlerweile überall anzutreffenden türkischen Spezialgeschäfte einzukaufen. Schon in kleineren Städten gibt es gutsortierte Lebensmittelläden, die Originalprodukte aus der Türkei führen. Meist haben sie auch spezielle Fleisch- oder Käsetheken. Das Angebot an Gemüse und Obst ist reichhaltig und, was man ganz besonders begrüßen muß, es gibt Feinkostsalate und andere fertige Gerichte zu kaufen. Die meisten hausgemachten Spezialitäten wie gebratene Auberginen, gefüllte Oliven oder Weinblätter, Knoblauchjoghurt, aber auch frische Salate mit Schafs- oder Ziegenkäse und eine Vielzahl eingelegter oder marinierter Meeresfrüchte stellen eine willkommene Abwechslung für den Genießer dar. Das wohlschmeckende Weißbrot, ein Fladenbrot aus Hefeteig mit feiner Kruste, paßt hervorragend zu diesen Spezialitäten und wird ebenfalls in diesen Läden angeboten.

Aus der Fleischtheke

Da in der Türkei aus religiösen Gründen der Genuß von Schweinefleisch untersagt ist, findet man es auch in den entsprechenden Fleischtheken hierzulande nicht. Angeboten werden vor allem Schaf-, Hammel- und Lammfleisch, die in jeder Küche die größte Rolle spielen, außerdem werden Kalb- und Rindfleisch sowie Geflügel angeboten. Ob aus der Keule, vom Rücken oder aus der Schulter, ob als ganzes Stück oder als Hackfleisch, immer kann man sich das Stück bereits im Geschäft küchenfertig vorbereiten lassen. Mittlerweile gibt es auch verschiedene Brühwurstsorten aus Rind- und Hammelfleisch, ebenso die bekannte Knoblauchwurst (Sucuk), eine gutgewürzte Hartwurst, die sowohl gekocht als auch einfach aufs Brot gelegt ausgezeichnet schmeckt.

Aus der Käsetheke
Auch hier ist das Angebot vielfältig, vor allem an Schafskäse. Den Türk Peynir, einen 60prozentigen Schafskäse reicht man als Dessertkäse. Der Beyaz Peynir dagegen wird für Salate und zum Überbacken verwendet. Den 40prozentigen Bareklik Peynir nimmt man hauptsächlich zum Füllen von Teigtaschen und für Aufläufe. Außerdem finden wir in der Käsetheke auch den Cacık, den hausgemachten Knoblauch-Gurken-Joghurt, die gebratenen und eingelegten Auberginen oder die eingelegten schwarzen und grünen Oliven. Und noch etwas bekommt man hier, etwas, das bei einem türkischen Essen nicht fehlen darf – nämlich die Süßspeisen und Desserts, zum Beispiel das zwar sehr süße, aber feine Baklava. Das ist ein Blätterteigschichtkuchen, gefüllt mit Nüssen, Korinthen und Honig. Ebenso empfehlenswert ist das „türkische Konfekt", das es in vielen verschiedenen Sorten gibt. Weitere süße Verlockungen sind der Spritzkuchen mit Zuckersirup, Tulumba Tatlısı, und das fertig gekaufte Helva, ein trockener Krümelkuchen in Blockform, oder Lokum, der allgemein bekannte und beliebte türkische Honig.

Das Spezialitätenregal
Hier nun finden wir eine große Zahl von Gewürzen, die eigentlich in der ganzen Welt verwendet werden. Thymian und Majoran, Pfeffer in vielen Variationen, Paprikapulver, Nelken, Wacholderbeeren und Lorbeerblätter kennt auch die türkische Küche. Ihren Platz haben hier auch die vielen Arten von eingelegten Sardinen, Sardellen und Fischspezialitäten, aber auch eine große Palette an eingelegten und eingemachten Gemüsesorten sowie diverse Essige und Öle. Die verschiedenen getrockneten Bohnen, die roten Linsen, den geschälten Reis und die Weizenkörner, all diese

Produkte kennen wir auch aus unseren Lebensmittelgeschäften. Es gibt aber auch einige, die wir weniger kennen, die aber den Gerichten einen speziellen Geschmack geben. Diese wollen wir Ihnen im Folgenden vorstellen.

Sumach
Ein typisch türkisches Gewürz ist Sumach. Es handelt sich hierbei um das Pulver der etwa linsengroßen Frucht des Sumachbaums. Sumach verleiht den Speisen einen leicht säuerlichen Geschmack. Besonders für den türkischen Zwiebelsalat verwendet man ihn gern.

Tahin
Tahin ist eine dickflüssige Sesampaste, die in der türkischen Küche gerne als Brotaufstrich genommen wird. Zum Frühstück mit Honig oder Marmelade verrührt und als Vorspeise mit Knoblauch, Kreuzkümmel und Zitronensaft angemacht, gehört Tahin zu den Grundprodukten. Tahin eignet sich aber auch zur Zubereitung von Desserts und als Füllung für Kuchen und Kleingebäck.

Weinblätter
Da die gefüllten Weinblätter, ob mit Hackfleisch- oder mit Reisfüllung, zu den Köstlichkeiten der türkischen Küche gehören, dürfen sie bei der Aufzählung der Zutaten nicht fehlen. Eingelegt in Salzlake oder in Olivenöl sind sie das ganze Jahr über erhältlich. Besonders wohlschmeckend werden die Gerichte, für die man frische Weinblätter mitverwendet. Diese sollten allerdings kurz in Salzwasser blanchiert werden.

Yufka
So werden die fertigen Teigplatten genannt, aus denen man in der türkischen Küche Nudelgerichte macht. Vor der Verwendung sollte man die Teigplatten allerdings befeuchten. Meist werden die Yufkaplatten in folienverschweißten Packungen mit 400 bis 600 g Einwaage angeboten.

Kräuter
Schon seit eh und je ist die türkische Küche darauf bedacht, den Geschmack der Speisen durch frische Kräuter abzurunden. Hierbei spielen die Petersilie und der Schnittlauch zwar eine große Rolle, doch weit häufiger wird die frische Minze verwendet. Durch ihren unverkennbaren Eigengeschmack gibt sie vielen Gerichten eine besondere Note.

Türkische Getränke

Türkischer Kaffee (Kahve)
Fast zu jeder Gelegenheit trinkt man in der Türkei den türkischen Mokka. Dieser Kaffee wird in speziellen Kupfertöpfchen mit langem Stiel bereitet. Für Kahve Şeker gibt man den Zucker und das Mokkapulver zusammen in das Töpfchen. Dann gießt man Wasser an und bringt alles auf dem Herd zum Kochen. Sobald der Mokka einmal aufgeschäumt hat, wird er sofort in kleinen Tassen serviert.

Schwarzer Tee (Çay)
Er wird den ganzen Tag über serviert. Man bekommt ihn selbst in den kleinsten Läden beim Einkaufen als Aufmerksamkeit gereicht.

Rakı
Wer ein Lokal besucht oder bei einer Familie zu Gast ist, wird immer mit Rakı willkommen geheißen. Rakı ist ein 45prozentiger Branntwein, der aus Anis und Rosinen hergestellt wird. Man serviert ihn meist mit Wasser verdünnt während und nach dem Essen.

Ayran
Ayran darf bei der Aufzählung der typischen türkischen Getränke nicht fehlen. Dieses erfrischende und bekömmliche Joghurtgetränk wird meist im Sommer serviert. So wird es gemacht: Man verrührt 500 g dicken Joghurt mit einem Schneebesen kräftig mit ½ Liter Wasser und rundet den Geschmack mit Salz ab.

Suppen und Vorspeisen

Die türkische Küche ist berühmt für ihr üppiges Angebot an diversen Vorspeisen. Traditionell werden bis zu 40 verschiedene an einer Tafel gereicht. Der Bogen spannt sich von klassischen Suppen, meist heiß serviert, über gebratenes und gefülltes Gemüse sowie appetitliche Salate bis zu fritierten Meeresfrüchten. Da fällt dem Genießer die Auswahl schwer.

(Joghurtsuppe mit Knoblauch, Rezept Seite 14)

Joghurtsuppe mit Knoblauch
Sarmısakh Yoğurt Çorbası

Für 4 Personen
Zubereitungszeit: ca. 40 Min.
ca. 450 kcal

2 EL Olivenöl, 1 Zwiebel
4 Knoblauchzehen, 1 TL Salz
½ l Fleischbrühe
125 g Reis
2 Becher Joghurt à 150 g
2 EL Mehl, 2 EL Olivenöl
Pfeffer, Muskatpulver
1 Bund frische Minze
100 g Butter
1 EL Paprikapulver edelsüß

1. Das Olivenöl in einem Topf erhitzen und die geschälte, feingehackte Zwiebel darin glasig dünsten. Die geschälten, mit Salz zerriebenen Knoblauchzehen kurz mitdünsten.
2. Die Fleischbrühe angießen, den Reis darunterrühren und das Ganze 15 bis 20 Minuten köcheln lassen.
3. Den Joghurt mit dem Mehl und dem Öl verrühren. Etwas von der Brühe angießen, alles mit dem Schneebesen verrühren und anschließend in die Suppe einrühren. Diese erhitzen, aber nicht kochen lassen. Die Suppe mit Salz, Pfeffer und Muskat abschmecken und mit feingeschnittener Minze bestreuen.
4. Die Butter in einer Pfanne erhitzen und das Paprikapulver einrühren. Zuletzt die Paprikabutter über die Suppe träufeln.
(auf dem Foto S. 12)

Zwiebelsuppe mit Schafskäse
Beyaz Peynirli Soğan Çorbası

Für 4 Personen
Zubereitungszeit: ca. 40 Min.
ca. 290 kcal

500 g Zwiebeln
2 Knoblauchzehen, 1 TL Salz
2 EL Olivenöl
2 EL Tomatenmark
1 große Dose geschälte Tomaten
375 ml Fleischbrühe
4 Scheiben Weißbrot
Pfeffer aus der Mühle
100 g geriebener Schafskäse

1. Die Zwiebeln schälen und in feine Scheiben schneiden. Die Knoblauchzehen schälen und mit dem Salz zerreiben.
2. Das Olivenöl in einem Topf erhitzen. Die Zwiebeln und den Knoblauch darin glasig dünsten.
3. Das Tomatenmark darunterrühren. Die geschälten Tomaten mit einer Gabel zerdrücken, zu den Zwiebeln geben und das Ganze mit der Fleischbrühe angießen. Bei mäßiger Hitze 15 bis 20 Minuten köcheln lassen. Den Ofen auf 200° C vorheizen.
4. Anschließend das Weißbrot fein würfeln. Die Suppe mit Salz und Pfeffer abschmecken und die Weißbrotwürfel darüberstreuen.
5. Die Suppe mit dem Schafskäse bestreuen und im Backofen goldgelb überbacken.
(auf dem Foto: oben)

Frühlingssuppe mit Lammfleisch
Kuzu Etli Çorba

Für 4 Personen
Zubereitungszeit: ca. 40 Min.
ca. 350 kcal

2 EL Olivenöl
2 Knoblauchzehen
1 Bund Frühlingszwiebeln
1 rote Paprikaschote
250 g Reis, ¾ l Fleischbrühe
1 Lorbeerblatt
1 Zweig Rosmarin
250 g gekochtes Lammfleisch
2 Becher Joghurt à 150 g
3 Eigelb
Salz, Pfeffer aus der Mühle
Cayennepfeffer, Zucker
1 Tasse gehackte Kräuter (Schnittlauch oder Petersilie)

1. Das Olivenöl in einem Topf erhitzen und die geschälten, feingehackten Knoblauchzehen darin andünsten.
2. Das Gemüse putzen, fein würfeln und im Knoblauchfett kurz dünsten.
3. Den Reis kurz mitdünsten und alles mit der Fleischbrühe auffüllen.
4. Das Lorbeerblatt und den Rosmarinzweig dazugeben und das Ganze bei mäßiger Hitze 15 bis 20 Minuten köcheln lassen.
5. Das kleingeschnittene Lammfleisch in der Suppe erhitzen. Den Joghurt mit den Eigelben verquirlen und die Suppe damit legieren, sie darf aber nicht mehr kochen. Abschmecken und mit den Kräutern bestreuen
(auf dem Foto: unten)

Rote-Bohnen-Suppe

Kırmızı Fasulye Çorbası

Für 4 Personen

Zubereitungszeit: ca. 50 Min.
ca. 280 kcal

2 EL Olivenöl
1 Zwiebel, 1 Karotte
1 Stück Staudensellerie
2 Knoblauchzehen, 1 TL Salz
2 EL Tomatenmark
½ l Fleischbrühe
1 große Dose rote Bohnen
Salz, Pfeffer aus der Mühle
Saft von 1 Zitrone
1 TL Paprikapulver
Cayennepfeffer, Zucker
4 Scheiben Weißbrot
2 hartgekochte Eier
1 EL abgeriebene Schale einer unbehandelten Zitrone
1 Tasse gehackte Petersilie

1. Das Öl erhitzen und das geputzte, kleingeschnittene Gemüse darin glasig dünsten. Den geschälten, mit Salz zerriebenen Knoblauch kurz mitdünsten.
2. Das Tomatenmark darunterrühren. Das Ganze mit der Fleischbrühe auffüllen und die gut abgetropften Bohnen dazugeben.
3. Die Suppe erhitzen, mit den Gewürzen, dem Zitronensaft und etwas Zucker abschmecken.
4. Die Weißbrotscheiben entrinden und fein würfeln. Mit den feingehackten Eiern, der Zitronenschale und der Petersilie mischen und unter die Suppe heben. Diese nochmals erhitzen.
(auf dem Foto: links)

Gebratenes Gemüse

Domatesli Sebze Kızartması

Für 4 Personen

Zubereitungszeit: ca. 40 Min.
ca. 260 kcal

1 Aubergine, 1 EL Salz
1 rote Paprikaschote
1 grüne Paprikaschote
1 Zucchino, 125 g Mehl
Olivenöl zum Braten
2 Knoblauchzehen, 1 Zwiebel
1 Peperoni, 6 Tomaten
1–2 EL Essig, 1–2 EL Honig
1 Tasse gehackte Petersilie
125 g geriebener Schafskäse

1. Die Aubergine putzen, in Scheiben schneiden, salzen und 10 Minuten im Kühlschrank ziehen lassen. Den Paprika putzen und vierteln. Den Zucchino putzen und in dünne Scheiben schneiden.
2. Die Auberginenscheiben abwaschen, trockentupfen, mit dem übrigen Gemüse im Mehl wenden und im heißen Öl goldgelb ausbraten.
3. Den gehackten Knoblauch und die gewürfelte Zwiebel in 2 Eßlöffeln Öl glasig dünsten.
4. Die gehackte Peperoni mit den enthäuteten, entkernten und gewürfelten Tomaten dazugeben und alles sämig einkochen lassen.
5. Das Ganze mit Essig und Honig anmachen, die Petersilie daruntermischen. Das Gemüse mit der Sauce überziehen. Mit dem Käse bestreuen und im Ofen bei 200° C kurz überbacken.
(auf dem Foto: rechts)

Gefüllte Weinblätter

Yaprak Sarması

Für 4 Personen

Zubereitungszeit: ca. 1¼ Std.
ca. 585 kcal

500 g gemischtes Hackfleisch (Rind und Lamm)
50 g Reis
1 Zwiebel
2 Knoblauchzehen
1 Tasse gehackte Petersilie
Salz, Pfeffer aus der Mühle
1 Prise Cayennepfeffer
12–16 große Weinblätter
Butter für die Form
2–3 EL Olivenöl
1 Zwiebel
6 Tomaten
375 ml Gemüsebrühe
1 TL gerebelter Oregano

1. Das Hackfleisch und den Reis in eine Schüssel geben.
2. Die Zwiebel und die Knoblauchzehen schälen und fein hacken und mit der ebenfalls gehackten Petersilie zum Hackfleisch geben; alles zu einer kompakten Masse verarbeiten. Zuletzt mit Salz, Pfeffer und Cayennepfeffer kräftig abschmekken. Den Backofen auf 180° C vorheizen.
3. Die Weinblätter einzeln auf eine Arbeitsfläche legen und die Hackfleischmasse gleichmäßig darauf verteilen. Die Weinblätter oben und unten einschlagen, zusammenrollen und in eine ausgefettete große Auflaufform nebeneinanderschichten.
4. Das Öl erhitzen und die gehackte Zwiebel darin glasig dünsten. Die enthäuteten, entkernten und gewürfelten Tomaten dazugeben und kurz mitdünsten. Alles mit der Gemüsebrühe auffüllen und mit dem Oregano abschmecken.
5. Die Sauce gleichmäßig auf den Weinblättern verteilen und das Ganze im Ofen 35 bis 40 Minuten schmoren lassen.
(auf dem Foto oben)

Gefüllte Auberginen

Karmyarık

Für 4 Personen

Zubereitungszeit: ca. 50 Min.
ca. 160 kcal

2 mittelgroße Auberginen
2–3 EL Salz
2 Zwiebeln
1 rote Paprikaschote
1 grüne Paprikaschote
1 Peperoni
4 Knoblauchzehen
2–3 EL Olivenöl
4 Tomaten
1 Tasse gehackte Kräuter (Schnittlauch o. Petersilie)
Pfeffer aus der Mühle
1 Prise Cayennepfeffer
1 Prise Zucker
Butter für die Form
¼ l Gemüsebrühe

1. Die Auberginen putzen und im Abstand von 1 cm jeweils einen Längsstreifen Haut abschälen. Die Auberginen der Länge nach halbieren, aber nicht durch schneiden. Mit Salz bestreuen, 10 Minuten ziehen lassen, abwaschen und trockentupfen. Den Backofen auf 180° C vorheizen.
2. Die Zwiebeln schälen, die Paprikaschoten putzen beides fein würfeln. Mit der gehackten Peperoni und den gehackten Knoblauchzehen im Öl kurz braten.
3. Die enthäuteten, entkernten und gewürfelten Tomaten sowie die Kräuter daruntermischen und das Ganze zum Kochen bringe Mit den Gewürzen abschmecken.
4. Die Mischung gleichmäßig in die Auberginen fülle und diese nebeneinander eine ausgefettete große Au laufform setzen. Die restliche Mischung darauf verteilen. Die Gemüsebrühe angießen und alles im Ofe 20 bis 25 Minuten garen.
(auf dem Foto unten)

Dieses schmackhafte Gericht trägt in der Türkei auch den a schaulichen Namen „Den Imam hat's umgehauen". Der Sage nach hat ein angesehener Geistlicher davon so viel gegessen, daß er tot umgefallen ist.

Gebackene Muscheln mit Erdnusssauce

Midye Tava

Für 4 Personen

Zubereitungszeit: ca. 1¼ Std.

ca. 680 kcal

Für die Muscheln:

2,5 kg Miesmuscheln
60 ml Olivenöl
1 Zwiebel
1 Bund Suppengemüse
4 Knoblauchzehen, 1 TL Salz
1 Lorbeerblatt
1 Zweig Dill
1 l Gemüse- oder Fischbrühe

Für die Sauce:

2 EL Olivenöl
2 Knoblauchzehen
100 g gemahlene Erdnüsse
2 Becher Joghurt à 150 g
2–3 EL Essig
100 g Weißbrot
Salz, Pfeffer aus der Mühle
Saft von 1 Zitrone
1 Prise Cayennepfeffer

Außerdem:

2 Eier, 125 g Mehl
ca. 200 g Semmelbrösel
Olivenöl zum Ausbacken

1. Die Miesmuscheln unter fließendem Wasser mit einer Küchenbürste kräftig säubern und gut abtropfen lassen. Schon geöffnete Muscheln wegwerfen!

2. Das Olivenöl in einem großen Topf erhitzen und die geschälte, feingehackte Zwiebel darin glasig dünsten. Das Suppengemüse putzen, würfeln und kurz mit der Zwiebel mitdünsten.

3. Die Knoblauchzehen schälen und mit dem Salz zerreiben. Zusammen mit dem Lorbeerblatt und dem Dill zum Gemüse geben.

4. Die Gemüse- oder die Fischbrühe angießen und alles zum Kochen bringen.

5. Die Muscheln in den Sud geben und zugedeckt 10 bis 15 Minuten köcheln lassen.

6. Anschließend die Muscheln herausnehmen. Die noch geschlossenen entfernen, die restlichen gut abtropfen lassen. Mit einer Gabel das Muschelfleisch herauslösen und beiseite stellen.

7. Für die Erdnußsauce das Öl erhitzen und die gehackten Knoblauchzehen darin andünsten.

8. Die geriebenen Erdnüsse mit dem Joghurt und dem Essig vermischen. Ins Knoblauchöl geben und erhitzen, aber nicht kochen lassen. Das Weißbrot entrinden, würfeln und darunterrühren.

9. Die Sauce mit Salz, Pfeffer, dem Zitronensaft und etwas Cayennepfeffer kräftig abschmecken und erhitzen, aber nicht kochen lassen.

10. Die Eier verquirlen. Das beiseitegestellte Muschelfleisch nun in Mehl, Eiern und Semmelbröseln wenden.

11. Reichlich Olivenöl in einem Topf erhitzen und das panierte Muschelfleisch darin goldgelb ausbacken. Anrichten und mit der Sauce servieren.

(auf dem Foto: oben)

Tomatensalat

Domates Salatası

Für 4 Personen

Zubereitungszeit: ca. ¼ Std.

ca. 220 kcal

6–8 Tomaten
1 kleine Salatgurke
2 Zwiebeln
1 Bund Petersilie
1 kleines Glas schwarze Oliven
Saft von 2 Zitronen
Salz, Pfeffer aus der Mühle
1 Prise Zucker
60 ml Olivenöl

1. Die Tomaten unter fließendem Wasser abwaschen. Den Strunk herausschneiden und die Tomaten achteln.

2. Die Salatgurke waschen, der Länge nach halbieren und mit einem Teelöffel die Kerne entfernen. Die Gurke in Scheiben schneiden.

3. Die Zwiebeln schälen und ebenfalls in Scheiben schneiden. Die Petersilie verlesen, waschen und grob hacken.

4. Die Tomaten, die Gurken, die Zwiebeln und die gehackte Petersilie mit den abgetropften Oliven in einer Schüssel mischen.

5. Den Zitronensaft mit Salz, Pfeffer und Zucker kräftig abschmecken und das Olivenöl kräftig darunterrühren.

6. Den Salat damit anmachen und im Kühlschrank ¼ Stunde ziehen lassen.

(auf dem Foto: unten)

Teller mit gemischten Vorspeisen

Çeşitli Mezeler

Für 4 bis 6 Personen

Zubereitungszeit: ca. 1¼ Std.

ca. 955 kcal

Für den Auberginensalat:

1 mittelgroße Aubergine

1 EL Salz

2 EL Olivenöl, 1 Zwiebel

1 grüne Paprikaschote

2 Tomaten

2 Knoblauchzehen

Saft von ½ Zitrone

Pfeffer aus der Mühle

Für die Linsenpastete:

500 g gekochte rote Linsen

2 Tassen Tahinpaste (Fertigprodukt)

Saft von 2 Zitronen

2 Knoblauchzehen, 1 Zwiebel

1 Tasse gehackte Petersilie

1 EL Paprikapulver edelsüß

Für den Knoblauchjoghurt:

250 g Joghurt

1 Zwiebel

250 g Salatgurke

4 Knoblauchzehen, Salz

1 TL Kreuzkümmel

½ TL Pimentpulver

Pfeffer aus der Mühle

1 Prise Cayennepfeffer

1 Prise Zucker

Für den Bohnensalat:

500 g gekochte weiße Bohnen

2 Zwiebeln

60 ml Essig

Saft von 1 Zitrone, Salz

1 EL Zucker

1 EL Paprikapulver edelsüß

1 Tasse gehackte Petersilie

60 ml Olivenöl

Zum Garnieren:

hartgekochte Eier, schwarze Oliven, Gurkenscheiben, Tomatenachtel, Kräuterzweige (Dill, Petersilie)

1. Für den Auberginensalat die Aubergine putzen und in feine Würfel schneiden. Mit dem Salz bestreuen und 10 Minuten ziehen lassen, abwaschen und abtropfen lassen.

2. Das Öl erhitzen, die feingehackte Zwiebel und die geputzte und gewürfelte Paprikaschote darin glasig dünsten.

3. Die Auberginenwürfel dazugeben und mitbraten.

4. Die Tomaten enthäuten, entkernen und würfeln, mit den geschälten und gehackten Knoblauchzehen zum Gemüse geben, mit dem Zitronensaft beträufeln, mit Salz und Pfeffer abschmecken und bei mäßiger Hitze 8 bis 10 Minuten dünsten. Dann erkalten lassen und anrichten.

5. Für die Linsenpaste die roten Linsen im Mixer oder mit dem Schneidstab pürieren. Die Tahinpaste und den Zitronensaft dazugeben und alles gut miteinander mischen.

6. Die Knoblauchzehen und die Zwiebel schälen und fein hacken, mit der Petersilie unter die Paste ziehen. Das Ganze kräftig mit Paprikapulver würzen und auf dem Vorspeisenteller anrichten.

7. Für den Knoblauchjoghurt den Joghurt in eine Schüssel geben und mit der geschälten und fein geriebenen Zwiebel mischen.

8. Die Salatgurke schälen und halbieren. Mit einem Teelöffel die Kerne entfernen. Die Gurke fein reiben und mit den geschälten und mit Salz zerriebenen Knoblauchzehen zum Joghurt geben.

9. Die Joghurt-Gurken-Mischung mit Kreuzkümmel, Pimentpulver, Salz, Pfeffer, Cayennepfeffer und Zucker kräftig abschmecken und auf dem Vorspeisenteller anrichten.

10. Für den Bohnensalat die gekochten weißen Bohnen mit den geschälten und feingehackten Zwiebeln in eine Schüssel geben und miteinander mischen.

11. Den Essig mit dem Zitronensaft, dem Salz und dem Zucker sowie dem Paprikapulver mischen und so lange rühren, bis sich das Salz und der Zucker aufgelöst haben.

12. Die gehackte Petersilie daruntermischen und das Öl tropfenweise einrühren.

13. Mit dem Dressing die weißen Bohnen anmachen. Den Salat auf dem Vorspeisenteller anrichten.

14. Die Eier schälen, in Scheiben schneiden und mit schwarzen Oliven, Gurkenscheiben, Tomatenachteln sowie mit Kräuterzweigen dekorativ auf dem Teller verteilen. Die Vorspeise mit frischem Fladenweißbrot servieren.

FLADEN, NUDEL-GERICHTE & CO.

Faszinierend wirkt die Fülle von Böreks, sprich: herzhaften Teigpastetchen, von knusprigen Nudelgerichten und raffiniert gefüllten Fladenbroten, die jeder noch so kleine Kebapstand, auch hierzulande, stets frisch anbietet. So läßt sich manch schöne Ferienerinnerung wachrufen.

(Fladenbrot mit Lammfüllung, Rezept Seite 26)

Türkisches Fladenbrot
Pide

Für 4 Personen
Zubereitungszeit: ca. ½ Std.
Zeit zum Gehen: ca. 1¼ Std.
ca. 530 kcal

- *500 g Mehl*
- *1 Päckchen Trockenhefe*
- *2 Eier*
- *125 ml lauwarmes Wasser*
- *1 EL Salz*
- *1 EL Zucker*
- *4 EL Joghurt*

1. Das Mehl in eine Schüssel sieben und die Trockenhefe daruntermischen.
2. Die Eier, das Wasser, das Salz, den Zucker und den Joghurt dazugeben und alles zu einem Teig verarbeiten.
3. Die Schüssel abdecken und das Ganze an einem warmen Ort etwa ½ Stunde gehen lassen. Dann den Teig nochmals kräftig durchkneten und eine weitere ½ Stunde gehen lassen. Anschließend mit bemehlten Händen vier große oder zwölf kleinere Teigkugeln formen und sie auf einer bemehlten Arbeitsfläche dick ausrollen. Den Backofen auf 180° C vorheizen.
4. Die Fladen auf ein bemehltes Backblech setzen, nochmals etwa 10 Minuten gehen lassen. Anschließend im Backofen je nach Größe 10 bis 20 Minuten backen.

Fladenbrot mit Lammfüllung
Kuzu Etli

Für 4 Personen
Zubereitungszeit: ca. 1 Std.
ca. 880 kcal

- *2–3 EL Olivenöl*
- *2 Knoblauchzehen*
- *500 g Lammfilet (küchenfertig)*
- *1 TL Kreuzkümmel*
- *2 Zwiebeln*
- *2 rote Paprikaschoten*
- *1 Tasse gehackte Petersilie*
- *2 Becher Joghurt à 150 g*
- *2 Knoblauchzehen*
- *Saft von ½ Zitrone*
- *4 fertiggebackene Fladenbrote (siehe Rezept links)*

1. Das Öl erhitzen, die gehackten Knoblauchzehen und das gewürfelte Lammfilet darin braten, mit dem Kreuzkümmel würzen.
2. Die gehackten Zwiebeln sowie die gewürfelten Paprikaschoten ins Öl geben und glasig dünsten. Das Fleisch und die Petersilie dazugeben, alles abschmecken.
3. Den Joghurt mit den gehackten Knoblauchzehen und dem Zitronensaft glattrühren und würzen.
4. In jedes gebackene Fladenbrot eine Tasche schneiden und jeweils ein Viertel der Lammfüllung hineingeben. Die Füllung mit etwas Knoblauchjoghurt beträufeln. Den restlichen Joghurt dazu servieren.
(auf dem Foto S. 24)

Fladenbrot mit Schafskäse-Füllung
Peynirli Pide

Für 4 Personen
Zubereitungszeit: ca. 1 Std.
Zeit zum Gehen: ca. 1¼ Std.
ca. 280 kcal

- *1 Rezept Fladenbrot (siehe links)*
- *2 EL Olivenöl, 2 Zwiebeln*
- *1 rote Paprikaschote*
- *1 grüne Paprikaschote*
- *Salz, Pfeffer aus der Mühle*
- *250 g Schafskäse (Feta)*
- *1 Tasse gehackte Petersilie*
- *1 EL Paprikapulver edelsüß*

1. Den Teig für das Brot nach Anweisung zubereiten.
2. Für die Füllung das Öl in einer Pfanne erhitzen und die gehackten Zwiebeln darin glasig dünsten. Die Paprikaschoten putzen und in Würfel schneiden, zur Zwiebel geben und kurz mitdünsten. Den Backofen auf 180° C vorheizen.
3. Das Gemüse in eine Schüssel geben. Mit Salz und Pfeffer würzen und den in feine Würfel geschnittenen Schafskäse sowie die Petersilie und das Paprikapulver daruntermischen. Die Füllung vollständig erkalten lassen und auf die vorbereiteten Fladen verteilen.
4. Die Fladen zusammenklappen, die Ränder gut aneinanderdrücken. Auf ein bemehltes Backblech setzen und im Backofen 15 bis 25 Minuten backen.
(auf dem Foto rechts)

GEFÜLLTE TEIGTASCHEN

Börek

Für 4 Personen

Zubereitungszeit: ca. 1 Std.
Zeit zum Ruhen: ca. 1 Std.
ca. 815 kcal

Für den Teig:

500 g Mehl, 1 Ei, 1 EL Salz
25 g Butter, 75 g Joghurt

Für die Füllung:

2 EL Olivenöl
1 Knoblauchzehe, 1 Zwiebel
250 g Rinderhackfleisch
2 EL Tomatenmark
1 Tasse gehackte Petersilie
Butter für das Backblech

1. Die Zutaten für den Teig auf einer bemehlten Arbeitsfläche zu einem glatten, kompakten Teig verkneten. Ihn im Kühlschrank etwa 1 Stunde ruhen lassen.
2. Für die Füllung das Öl erhitzen, die gehackte Knoblauchzehe und die gehackte Zwiebel darin andünsten, das Hackfleisch dazugeben und braten. Den Ofen auf 180° C vorheizen.
3. Das Tomatenmark und die Petersilie unter die Hackfleischmasse mischen.
4. Nun den Teig auf einer bemehlten Arbeitsfläche ausrollen. Vier Rechtecke ausschneiden und die Füllung darauf verteilen. Den Teig zusammenklappen, die Ränder aneinanderdrücken.
5. Die Teigtaschen auf einem ausgefetteten Blech 20 bis 25 Minuten backen.
(auf dem Foto: links)

Yufkarollen mit Ziegenkäse

Sigara Böreği

Für 4 Personen

Zubereitungszeit: ca. 1¼ Std.
ca. 750 kcal

2 Yufkateigplatten
50 g flüssige Butter
200 g Ziegenkäse
1 Tasse gehackte Petersilie
1 EL Paprikapulver edelsüß
Salz, Pfeffer aus der Mühle
Olivenöl zum Ausbacken
2 Becher Joghurt à 150 g
Saft von 1 Zitrone
2 EL Honig

1. Die Yufkaplatten auf eine bemehlte Arbeitsfläche legen und auseinanderklappen. Mit einem scharfen Messer zuerst in Viertel und diese anschließend mit zwei diagonalen Schnitten in vier Dreiecke schneiden.
2. Die Teigdreiecke mit der flüssigen Butter bestreichen.
3. Den in feine Würfel geschnittenen Ziegenkäse mit der Petersilie und dem Paprikapulver mischen. Mit Salz und Pfeffer würzen und gleichmäßig auf die Teigdreiecke verteilen. Dabei rundherum keine Ränder freilassen.
4. Das Öl erhitzen. Die Teigdreiecke zusammenrollen, die Ränder aneinanderdrücken und die Rollen darin goldgelb ausbacken.
5. Den Joghurt mit dem Zitronensaft und dem Honig glattrühren. Zu den Yufkarollen servieren.
(auf dem Foto: rechts)

Türkische Pizza

Lahmacun

Für 4 Personen

Zubereitungszeit: ca. ¾ Std.
Zeit zum Gehen: ca. ¾ Std.
ca. 830 kcal

Für den Teig:

500 g Mehl
1 Würfel frische Hefe
1 EL Zucker, 1 TL Salz
2 Eier
125 ml lauwarme Milch
2–3 EL Olivenöl

Für den Belag:

2 Zwiebeln
2 Knoblauchzehen
2 Tomaten
1 Peperoni
500 g Rinderhackfleisch
2 EL Tomatenmark
1 Tasse gehackte Petersilie und Minze
Salz, Pfeffer aus der Mühle
1 EL Paprikapulver edelsüß
Butter zum Ausfetten

1. Die Teigzutaten zu einem kompakten Hefeteig verkneten und ihn etwa ¾ Stunden gehen lassen.
2. Für den Belag die Zwiebeln und die Knoblauchzehen schälen und fein hacken. Die Tomaten enthäuten, entkernen und in Würfel schneiden. Die Peperoni hacken. Anschließend das Hackfleisch mit dem Tomatenmark, dem zerkleinerten Gemüse sowie der Petersilie und der Minze zu einer glatten Masse verarbeiten.
3. Die Mischung mit Salz, Pfeffer und dem Paprikapulver würzen. Den Backofen auf 180° C vorheizen. Den Teig in eine große ausgefettete Pizzaform geben und die Hackfleischmasse daraufstreichen.
4. Die Pizza im Backofen 20 bis 25 Minuten backen.
(auf dem Foto oben)

In der Türkei serviert man Lahmacun gerne zum Frühstück oder auch nachmittags zum Tee.

Yufka mit Reisfüllung

Pilavlı Börek

Für 4 Personen

Zubereitungszeit: ca. 1¼ Std.
ca. 770 kcal

Für die Füllung:

2 EL Butter
2 Hähnchenbrustfilets
1 Zwiebel
50 g Pinienkerne
50 g Korinthen
250 g Reis
¼ l Gemüsebrühe
Salz, Pfeffer aus der Mühle

Außerdem:

Butter für die Form
3 Yufkateigplatten
2 Becher Joghurt à 150 g
2 Knoblauchzehen
1 Tasse gehackte Petersilie

1. Die Butter in einer Pfanne erhitzen. Die Hähnchenbrustfilets in Würfel schneiden und darin anbraten. Die gehackte Zwiebel dazugeben und kurz mitbraten.
2. Die Pinienkerne, die Korinthen und den Reis dazugeben. Kurz mitdünsten, das Ganze mit der Gemüsebrühe auffüllen, mit Salz und Pfeffer abschmecken und 10 bis 15 Minuten bei milder Hitze garen. Den Backofen auf 200° C vorheizen.
3. Eine große Auflaufform ausfetten, eine Yufkaplatte hineinlegen. Den Joghurt mit den gehackten Knoblauchzehen und der Petersilie mischen. Die Teigplatte damit einstreichen.
4. Mit einer zweiten Yufkaplatte abdecken. Die Füllung darauf verteilen. Die dritte Teigplatte darauf legen und den restlichen Joghurt darüber verteilen. Im Backofen 20 bis 25 Minuten backen.
(auf dem Foto unten)

Böreks werden in Anatolien stets zu Picknicks mitgenommen.

Nudeltaschen mit Lamm-hackfleisch

Kıymah Mantı

Für 4 Personen

Zubereitungszeit: ca. 1½ Std.
ca. 770 kcal

Für den Teig:

500 g Mehl, 2 Eier
1 TL Salz
60 ml lauwarmes Wasser

Für die Füllung:

1 Zwiebel
1 rote Paprikaschote
2 gekochte Kartoffeln
250 g Lammhackfleisch
1 Tasse gehackte Petersilie und Minze
Salz
Pfeffer aus der Mühle
1 EL Paprikapulver
50 g Butter
Butter zum Ausfetten
1 l Kalbsfond

1. Die Teigzutaten auf einer bemehlten Arbeitsfläche zu einem festen, geschmeidigen Teig verkneten.
2. Anschließend den Teig hauchdünn ausrollen und kleine, 4 bis 5 cm große Quadrate ausschneiden.
3. Für die Füllung die Zwiebel schälen und fein hacken. Die Paprikaschote hacken, die Kartoffeln schälen und grob reiben. Anschließend das Hackfleisch mit dem vorbereiteten Gemüse und den Kräutern mischen. Das Ganze mit Salz, Pfeffer und dem Paprikapulver kräftig würzen. Den Backofen auf 180° C vorheizen.
4. Die Butter zerlassen und die Teigquadrate damit bestreichen. Die Füllung gleichmäßig darauf verteilen, dabei Ränder lassen. Die Teigquadrate zusammenklappen und die Ränder gut aneinanderdrücken. Die Nudeltaschen in eine große ausgefettete Auflaufform schichten und den Fond angießen.
5. Die Taschen im Backofen je nach Größe 10 bis 20 Minuten garen.
(auf dem Foto: unten)

Feinschmecker-Tip

Mantı werden in ganz Anatolien zubereitet. Man kann sie nach dem Garen in der Brühe noch in einer Knoblauch-Joghurt-Sauce wenden und mit etwas zerlassener Butter beträufelt servieren.

Makkaroni mit Tomaten

Domatesli Makarna

Für 4 Personen

Zubereitungszeit: ca. 40 Min.
ca. 590 kcal

300 g Makkaroni
1 TL Salz, 2 EL Olivenöl
2 EL Butter
2 Zwiebeln
8 Tomaten
2 Knoblauchzehen
1 TL gerebelter Thymian
150 g geriebener Schafskäse
1 Tasse gehackte Petersilie und Minze
1 TL Paprikapulver edelsüß

1. Die Makkaroni einmal brechen. Das Salzwasser mit dem Öl zum Kochen bringen und die Makkaroni darin bißfest garen.
2. Für die Sauce die Butter in einem Topf erhitzen und die gehackten Zwiebeln darin glasig dünsten.
3. Die Tomaten enthäuten, entkernen und würfeln. Mit den geschälten und mit Sal[z] zerriebenen Knoblauchzehen und dem Thymian zu den Zwiebeln geben. Das Ganze etwa 10 Minuten schmoren lassen und noch mit Thymian und Salz abschmecken.
4. Die gut abgetropften Makkaroni in die Tomatensauce geben und kurz durchschwenken. Mit dem Schafskäse, den Kräutern und dem Paprikapulver bestreut servieren.
(auf dem Foto: oben)

Gedämpfte Hackfleisch-nudeln

Fırında Kıymah Makarna

Für 4 Personen

Zubereitungszeit: ca. 1½ Std.
Zeit zum Gehen: ca. 1¼ Std.
ca. 1210 kcal

Für den Teig:

500 g Mehl, ¼ l Milch
1 Päckchen frische Hefe
1 EL Zucker, 75 g Butter
2 Eier, 1 TL Salz

Für die Garflüssigkeit:

50 g Butter, ¼ l Wasser
1 TL Zucker

Für die Füllung:

2 EL Olivenöl
1 Knoblauchzehe, 1 Zwiebel
250 g Rinderhackfleisch
100 g gekochte Kartoffeln
1 Tasse gehackte Petersilie und Minze
Salz, Pfeffer, Cayennepfeffer

Für die Saucen:

2 Becher Joghurt à 150 g
4 Knoblauchzehen
2 EL Butter
1 Zwiebel, 6 Tomaten
1 TL gerebelter Oregano und gerebeltes Basilikum

1. Für den Teig das Mehl in eine Schüssel sieben. Die Milch erwärmen, vom Herd nehmen, die Hefe und den Zucker hineingeben und etwa 12 Minuten gehen lassen.
2. Die Milch mit den restlichen Teigzutaten zum Mehl geben und alles mit dem Kochlöffel so lange schlagen, bis der Teig Blasen wirft.
3. An einem warmen Ort den Teig zugedeckt etwa ½ Stunde gehen lassen. Erneut durchkneten und ½ Stunde gehen lassen.
4. Für den Sud die Butter in einem großen Topf schmelzen lassen. Das Wasser angießen, den Zucker dazugeben, alles zum Kochen bringen und vom Herd nehmen.
5. Für die Füllung das Öl erhitzen. Darin die gehackte Knoblauchzehe und die gehackte Zwiebel andünsten.
6. Das Hackfleisch dazugeben, alles kräftig braten und in eine Schüssel geben. Die geschälten, feingeriebenen Kartoffeln mit den Kräutern daruntermischen. Die Masse kräftig mit Salz, Pfeffer und Cayennepfeffer würzen.
7. Mit bemehlten Händen von dem Teig vier Kugeln abdrehen, sie flachdrücken, etwas Füllung darauf geben und erneut Kugeln formen. Diese nebeneinander in das lauwarme Wasser setzen, 10 Minuten ruhen lassen.
8. Den Topf verschließen und auf die heiße Herdplatte stellen. Die Hackfleischnudeln etwa 5 Minuten bei höchster und ½ Stunde bei milder Hitze kochen.
9. Für die Sauce den Joghurt mit den gehackten Knoblauchzehen mischen.
10. Die Butter erhitzen, die gehackte Zwiebel darin andünsten. Die enthäuteten, entkernten und gewürfelten Tomaten mit den Kräutern darin kurz schmoren.
11. Die Nudeln mit den Saucen überziehen.
(auf dem Foto oben)

Nudeln mit Hackfleisch

Kıymalı Makarna

Für 4 Personen

Zubereitungszeit: ca. 40 Min.
ca. 1120 kcal

300 g schmale Bandnudeln
Salz
2 EL Olivenöl
190 g Butter, 2 Zwiebeln
400 g Rinderhackfleisch
8 Tomaten
1 EL Thymian
Salz, Pfeffer aus der Mühle
2 Becher Joghurt à 150 g
4 Knoblauchzehen
1 EL Paprikapulver

1. Die Nudeln im Salzwasser mit dem Olivenöl garen
2. Nun 3 Eßlöffel Butter in einer Pfanne erhitzen und die gehackten Zwiebeln darin anbraten. Das Hackfleisch mitanbraten.
3. Die enthäuteten, entkernten und in Würfel geschnittenen Tomaten sowie den Thymian dazugeben und bei mäßiger Hitze alles 10 bis 15 Minuten schmore lassen. Mit Salz und Pfeffer kräftig würzen.
4. Die Nudeln gut abtropfe lassen und unter das Hackfleisch mischen.
5. Den Joghurt mit den gehackten Knoblauchzehen verrühren. Die restliche Bu ter erhitzen und das Paprikapulver einrühren. Die Hackfleischnudeln mit den Joghurt und der Paprikabu ter beträufeln.
(auf dem Foto unten)

Verlorene Eier
Cılbır

Für 4 Personen
Zubereitungszeit: ca. ½ Std.
ca. 590 kcal

Für die Eier:
Salz
125 ml Essig, 1 Prise Zucker
2 Lorbeerblätter, 1 TL Nelken
1 TL Pfefferkörner
8–12 frische Eier

Für die Sauce:
500 g Joghurt
4 Knoblauchzehen
Saft von 1 Zitrone
Salz, Pfeffer aus der Mühle
Zucker, Cayennepfeffer
125 g Butter
1 EL Paprikapulver edelsüß
1 Tasse gehackte Minze

1. Zuerst 1 l Salzwasser mit dem Essig, etwas Zucker und den Gewürzen in einem Topf 8 bis 10 Minuten köcheln lassen. Dann die Eier einzeln in eine Tasse schlagen, sie vorsichtig in den Sud gleiten lassen und pochieren.
2. Den Joghurt mit den feingehackten Knoblauchzehen und dem Zitronensaft verrühren. Mit Salz, Pfeffer, Zucker und Cayennepfeffer abschmecken.
3. Die Butter in einem Topf zerlaufen lassen. Das Paprikapulver einrühren.
4. Die Eier mit der Joghurtsauce anrichten und mit der Paprikabutter beträufeln. Mit der Minze bestreuen.
(auf dem Foto: links)

Rühreier mit Gemüse

Menemen

Für 4 Personen

Zubereitungszeit: ca. 20 Min.
ca. 280 kcal

2 Zwiebeln
1 Peperoni
1 rote Paprikaschote
1 grüne Paprikaschote
2 Knoblauchzehen
2 EL Butter
6 frische Eier
Salz, Pfeffer aus der Mühle
1 Prise Cayennepfeffer
100 g Schafskäse
1 Tasse gehackte Petersilie

1. Die Zwiebeln schälen und in feine Würfel schneiden. Die Peperoni hacken. Die Paprikaschoten halbieren, entkernen, waschen, gut abtropfen lassen und in Würfel schneiden. Die Knoblauchzehen schälen und hacken.

2. Die Butter in einer Pfanne erhitzen. Das Gemüse dazugeben und es glasig dünsten.

3. Die Eier in einer Schüssel verquirlen und mit Salz, Pfeffer und Cayennepfeffer würzen, sie über das Gemüse geben und unter ständigem Rühren stocken lassen.

4. Zuletzt den in Würfel geschnittenen oder geriebenen Schafskäse unter das Rührei heben. Das Ganze mit einer Gabel mehrmals durchrühren und mit der Petersilie bestreuen.

(auf dem Foto: rechts)

SCHMACKHAFTE HAUPTGERICHTE

Ob in Form eines würzigen Schmorgerichts, eines reichhaltigen Auflaufs oder eines farbenfrohen Spießes, Fleisch ist seit alters her der wichtigste Bestandteil der türkischen Küche.
Oft wird es mit verschiedenen Arten von Gemüse zusammengestellt.
Doch auch der Liebhaber von Fischgerichten kommt bei den türkischen Spezialitäten auf seine Kosten. Schließlich ist der Weg zum Meer meist nicht weit.

(Rindfleisch mit Gemüse, Rezept Seite 40)

Rindfleisch mit Gemüse
Sebzeli Sığıreti

Für 4 Personen
Zubereitungszeit: ca. 2 Std.
ca. 660 kcal

- *600 g Rindergulaschfleisch*
- *2 Zwiebeln, 2 Karotten*
- *1 rote Paprikaschote*
- *1 grüne Paprikaschote*
- *4 Kartoffeln*
- *200 g grüne Bohnen*
- *4 Tomaten, 50 g Butter*
- *1 EL abgeriebene Schale einer unbehandelten Zitrone*
- *2 Knoblauchzehen*
- *1 EL Paprikapulver*
- *1 TL Kreuzkümmel*
- *Salz, Pfeffer aus der Mühle*
- *1 Prise Cayennepfeffer*
- *2 Becher Joghurt à 150 g*
- *1 Tasse gehackte Petersilie*

1. Das Gemüse außer den Tomaten putzen und grob würfeln. Zusammen mit dem Fleisch in einen Schmortopf geben. Den Ofen auf 180° C vorheizen.
2. Die Tomaten enthäuten, entkernen und würfeln. Mit der Butter, der Zitronenschale, den gehackten Knoblauchzehen, den Gewürzen und ¼ l Wasser zum Fleisch geben.
3. Das Ganze zugedeckt im Backofen 1½ bis 2 Stunden schmoren. Nach Bedarf etwas Wasser nachgießen. Zuletzt kräftig abschmekken. Den Joghurt mit der Petersilie verrühren und zu dem Gericht servieren.
(auf dem Foto S. 38)

Hammelgulasch in Zwiebel-Tomaten-Sauce
Kuzu Sote

Für 4 Personen
Zubereitungszeit: ca. 2 Std.
ca. 635 kcal

- *4 Zwiebeln*
- *6 Tomaten*
- *75 g Butter*
- *600 g Hammelgulaschfleisch (küchenfertig)*
- *3 EL Tomatenmark*
- *¼ l Gemüsebrühe*
- *4 Knoblauchzehen*
- *1 EL geschrotete schwarze Pfefferkörner*
- *Saft von 1 Zitrone*
- *1 Prise Zucker*
- *1 Prise Cayennepfeffer*
- *Salz, Pfeffer aus der Mühle*
- *500 g Okraschoten*

1. Die Zwiebeln schälen und fein würfeln, die Tomaten enthäuten, entkernen und ebenfalls in Würfel schneiden. Den Backofen auf 180° C vorheizen.
2. Die Butter in einem Schmortopf erhitzen und das Hammelfleisch darin rundherum bräunen. Die Zwiebel- und die Tomatenwürfel sowie das Tomatenmark darunterrühren und die Gemüsebrühe angießen.
3. Die Knoblauchzehen schälen, hacken und sie mit den geschroteten Pfefferkörnern, dem Zitronensaft sowie etwas Zucker und Cayennepfeffer unter das Fleisch mischen. Mit Salz und Pfeffer würzen und das Ganze zugedeckt im Backofen 70 bis 80 Minuten schmoren.
4. In der Zwischenzeit die Okraschoten putzen und in mundgerechte Stücke schneiden. Nach Ende der Garzeit die Okraschoten zum Gulasch geben und alles weitere 15 bis 20 Minuten garen. Das Hammelgulasch nochmals abschmecken, anrichten und mit Fladenweißbrot servieren.
(auf dem Foto rechts)

Feinschmecker-Tip

Sie können statt frischer Okras auch welche aus der Dose nehmen. Oder ersetzen Sie die Okraschoten durch Auberginen, die das ganze Jahr über bei uns angeboten werden.

Lammfleisch-Spiesse mit Paprika

Biberli Şiş Kebap

Für 4 Personen

Zubereitungszeit: ca. ¾ Std.
Marinierzeit: ca. 12 Std.
ca. 970 kcal

Für die Spieße:

1 kg Lammrücken
2 Zwiebeln
2 Knoblauchzehen, 1 TL Salz
125 ml Olivenöl
1 EL getrocknete Minze
60 ml Milch

Außerdem:

1 rote Paprikaschote
1 grüne Paprikaschote
8–12 Peperoni
4 Tomaten
Pfeffer aus der Mühle
Öl zum Braten

Für den Dip:

2 Becher Joghurt à 150 g
Saft von 1 Zitrone
1 Tasse gehackte Petersilie, Minze und Dill
1 TL Kreuzkümmel
1 kleine Salatgurke

1. Das Fleisch würfeln und in eine Schüssel geben.
2. Die Zwiebeln schälen und fein reiben. Die Knoblauchzehen schälen und mit Salz zerreiben. Die Zwiebeln und die Knoblauchzehen mit dem Olivenöl, der Minze und der Milch mischen.
3. Diese Marinade gleichmäßig über die Lammfleischwürfel verteilen, kräftig einkneten und es über Nacht im Kühlschrank marinieren.
4. Vor der Zubereitung der Spieße die geputzten Paprikaschoten in grobe Würfel schneiden. Die Peperoni putzen und die Tomaten halbieren.
5. Das Fleisch und das Gemüse abwechselnd auf Spieße stecken. Das Ganze mit Salz und Pfeffer würzen. Die Spieße auf dem Grill oder in der Pfanne in Öl 10 bis 15 Minuten braten und mit dem Joghurt-Kräuter-Dip servieren.
6. Für den Dip den Joghurt mit dem Zitronensaft und den Kräutern verrühren. Mit dem Kreuzkümmel abschmecken. Die Salatgurke schälen und raspeln, dann unter den Joghurt mischen.
(auf dem Foto oben)

Kalbfleisch-Spiesse mit Auberginen

Pathcanlı Dana Kebabı

Für 4 Personen

Zubereitungszeit: ca. ¾ Std.
Marinierzeit: ca. 12 Std.
ca. 570 kcal

Für das Fleisch:

600 g Kalbfleisch
125 ml Olivenöl
1 Knoblauchzehe
1 TL gerebelter Thymian,
1 TL getrocknete Minze

Außerdem:

1 Aubergine, Salz
2 Zwiebeln
1 kleiner Zucchino
8–12 Peperoni
Pfeffer aus der Mühle
Öl zum Braten
100 g Butter
1 EL Paprikapulver
Saft von 1 Zitrone
1 Tasse gehackte Minze

1. Das Kalbfleisch in mundgerechte Stücke schneiden und in eine Schüssel geben Das Öl mit dem Knoblauch, dem Thymian und der getrockneten Minze mischen, die Fleischstücke hineinlegen und über Nacht marinieren.
2. Am nächsten Tag die Auberginen putzen, in Würfel schneiden, salzen, etwa 10 Minuten ziehen lassen, abwaschen und gut abtropfen lassen.
3. Die Zwiebeln in grobe Stücke, den geputzten Zucchino in 1 cm dicke Scheiben schneiden. Das vorbereitete Gemüse und die Peperoni abwechselnd mit dem Fleisch auf Spieße stecken, zuletzt würzen.
4. Die Spieße unter dem Grill oder mit etwas Öl in de Pfanne 8 bis 10 Minuten braten. Die zerlassene Butter mit dem Paprikapulver, dem Zitronensaft und der Minze verrühren, über die Spieße verteilen und diese sofort servieren.
(auf dem Foto unten)

Kebap-Gerichte haben eine lange Tradition. Schon im 11. Jahrhundert erzählt uns eine türkische Schriftquelle, daß Männer „miteinander im Aufspießen von Fleisch wetteiferten".

Lammspiesse

Kuzu Şiş Kebap

Für 4 Personen

Zubereitungszeit: ca. 40 Min.
ca. 695 kcal

- *2 Knoblauchzehen*
- *1 Zwiebel*
- *600 g Lammhackfleisch*
- *2 Eier*
- *1 TL getrocknete Minze*
- *1 TL Paprikapulver edelsüß*
- *Salz, Pfeffer aus der Mühle*
- *1 Peperoni*
- *125 ml Olivenöl*

1. Die Knoblauchzehen schälen und fein hacken. Die Zwiebel schälen und reiben. Das Hackfleisch mit dem Knoblauch, der Zwiebel, den Eiern, der Minze und dem Paprikapulver zu einer glatten Masse verarbeiten. Mit Salz und Pfeffer würzen.

2. Mit feuchten Händen 6 bis 8 cm lange Rollen formen, sie auf Spieße stecken und gut festdrücken.

3. Die Peperoni fein hacken. Das Öl mit der Peperoni mischen und gleichmäßig auf die Spieße streichen. Die Lammspieße unter dem Grill oder mit etwas Öl in der Pfanne 15 bis 25 Minuten braten.

Dazu paßt ein Joghurt-Kräuter-Dip (siehe Rezept „Lammspieße mit Paprika" S. 42).

(auf dem Foto: links)

Panierte Frauenschenkel

Kadınbudu

Für 4 Personen

Zubereitungszeit: ca. 40 Min.
ca. 810 kcal

Für die Hacksteaks:

2 Zwiebeln
600 g Rinderhackfleisch
2 EL Olivenöl
2 Eier
125 g gekochter Reis
1 TL Kreuzkümmel
1 TL Pimentpulver
Salz, 1 EL geschrotete schwarze Pfefferkörner
1 Tasse gehackte Petersilie und Minze

Außerdem:

125 g Mehl, 2 Eier
125 g Paniermehl
Pflanzenfett zum Braten

1. Die geriebenen Zwiebeln mit dem Hack mischen.
2. Das Öl erhitzen, die Hälfte des Hackfleisches darin scharf anbraten. Es dann erkalten lassen.
3. Das rohe und das gebratene Hackfleisch mit den Eiern, dem Reis, den Gewürzen und den Kräutern in einer Schüssel zu einer glatten Masse verarbeiten. Diese kräftig mit Salz und Pfeffer würzen.
4. Mit feuchten Händen daraus fingerdicke, keulenförmige Hacksteaks formen und sie panieren.
5. Die Hacksteaks im heißen Pflanzenfett goldgelb ausbacken.

(auf dem Foto: rechts)

AUBERGINEN-MOUSSAKA
Pathcan Oturtma

Für 4 Personen
Zubereitungszeit: ca. 1¼ Std.
ca. 740 kcal

4 mittelgroße Auberginen
3 EL Salz
4 Knoblauchzehen
125 ml Olivenöl
600 g gemischtes Hackfleisch (Rind und Lamm)
2 Zwiebeln
1 rote Paprikaschote
1 grüne Paprikaschote
6–8 Tomaten
2–3 EL Tomatenmark
¼ l Gemüsebrühe
1 Lorbeerblatt
1 Zweig Thymian
4–6 Peperoni
Pfeffer aus der Mühle
1 EL Paprikapulver
Butter zum Ausfetten
1 Tasse gehackte Petersilie und Minze

1. Die Auberginen putzen und in 1 cm dicke Scheiben schneiden. Sie mit Salz bestreuen und im Kühlschrank etwa 10 Minuten ziehen lassen.
2. Anschließend die Auberginenscheiben abwaschen und trockentupfen.
3. Die Knoblauchzehen schälen und mit Salz zerreiben. Das Olivenöl in einer Pfanne erhitzen und sie darin andünsten. Die Auberginenscheiben darin goldgelb braten. Dann herausnehmen, das Fett abtupfen und die Auberginen bereitstellen.
4. Das Hackfleisch ins verbliebene Bratfett geben und anbraten. Die Zwiebeln schälen, in feine Würfel schneiden, zum Fleisch geben und kurz mitbraten.
5. Die Paprikaschoten halbieren, entkernen, waschen und gut abtropfen lassen. In Würfel schneiden, ebenfalls zum Fleisch geben und kurz mitdünsten.
6. Die Tomaten enthäuten, entkernen, würfeln und mit dem Tomatenmark unter das Hackfleisch mischen.
7. Die Gemüsebrühe angießen. Das Lorbeerblatt, den Thymianzweig sowie die geputzten und kleingeschnittenen Peperoni dazugeben und das Ganze zum Kochen bringen. Den Backofen auf 180° C vorheizen.
8. Mit Salz, Pfeffer und Paprikapulver kräftig würzen und alles bei mäßiger Hitze 10 bis 15 Minuten schmoren lassen.
9. Die Hälfte der Auberginen in eine große ausgefettete Auflaufform geben und das Hackfleisch gleichmäßig darauf verteilen.
10. Die restlichen Auberginenscheiben darauf legen und das Ganze im Backofen 20 bis 25 Minuten garen.
11. Nach Ende der Garzeit die Auberginenmoussaka mit gehackter Petersilie und Minze bestreuen und sofort servieren.

Hochzeitsreis

Düğün Pilavı

Für 4 Personen

Zubereitungszeit: ca. 35 Min.
ca. 425 kcal

2 Hähnchenbrustfilets (küchenfertig)
2–3 EL Butter
1 Zwiebel
4 Tomaten
30 g Korinthen
30 g Pinienkerne
30 g Mandelsplitter
375 ml Geflügelbrühe
250 g roher Reis
Salz
Pfeffer aus der Mühle
1 Prise Cayennepfeffer
1 Prise Zucker
1 Tasse gehackte Petersilie

1. Die Butter in einem Topf erhitzen. Die Hähnchenbrustfilets in feine Würfel schneiden und sie in der Butter anbraten.
2. Die geschälte, feingehackte Zwiebel dazugeben und kurz mitdünsten. Die Tomaten enthäuten, entkernen und würfeln, mit den Korinthen, den Pinienkernen und den Mandelsplittern zum Fleisch geben. Das Ganze erhitzen. Den Backofen auf 180° C vorheizen.
3. Die Geflügelbrühe angießen und alles zum Kochen bringen. Den Reis daruntermischen und das Ganze mit dem Cayennepfeffer und dem Zucker abschmecken.
4. Den Topf zugedeckt in den Backofen stellen und den Reis 25 bis 30 Minuten ausquellen lassen.
5. Den Hochzeitsreis anrichten und mit gehackter Petersilie bestreut servieren.
(auf dem Foto: oben)

Der Hochzeitsreis wird vor allem um Izmir herum zubereitet. Nach altem Brauch schickt die Mutter der Braut am Tag der Hochzeit dem zukünftigen Schwiegersohn verschiedene Tabletts mit Gerichten ins Haus, die das Brautpaar am Abend gemeinsam verzehren soll. Jedes Gericht hat eine symbolische Bedeutung. Auf einem der Tabletts liegt ein ganzes Huhn auf einem Reis-Pilaw, was andeuten soll, daß die Tochter nicht länger den Eltern gehört, und diese ihr viele Kinder wünschen.

Weizengrütze mit Sucuk

Sucuklu Bulgur Pilavı

Für 4 Personen

Zubereitungszeit: ca. ¾ Std.
ca. 530 kcal

250 g Sucuk (Knoblauchwurst)
2 EL Olivenöl
2 Knoblauchzehen, 1 TL Salz
1 Zwiebel, 2 Paprikaschoten
4 Tomaten
2 EL Tomatenmark
250 g rohe Weizengrütze
½ l Gemüsebrühe
Pfeffer aus der Mühle
1 Prise Cayennepfeffer
1 Tasse gehackte Petersilie und Minze

1. Die Tomaten enthäuten, entkernen und würfeln. Die Wurst fein würfeln. Das Olivenöl erhitzen und den mit Salz zerriebenen Knoblauch darin andünsten.
2. Die gehackte Zwiebel und die gewürfelten Paprikaschoten mit den Wurstwürfeln im Öl kurz braten.
3. Die Tomatenwürfel mit dem Tomatenmark unter das Gemüse mischen. Die gewaschene Weizengrütze dazugeben, 4 bis 5 Minuten mitgaren.
4. Die Gemüsebrühe angießen. Das Ganze kräftig würzen und bei mäßiger Hitze 20 bis 25 Minuten ausquellen lassen, bis die Flüssigkeit komplett aufgesogen ist. Zwischendurch öfter umrühren.
5. Die Grütze mit Petersilie und Minze bestreuen.
(auf dem Foto: unten)

Sardellen in Eihülle
Yumurtalı Sardalye

Für 4 Personen
Zubereitungszeit: ca. ¾ Std.
ca. 665 kcal

1 kg frische Sardellen
Saft von 4 Zitronen
Salz, Pfeffer aus der Mühle
1 Tasse Petersilienzweige
125 g Mehl
3 Eier
Butter zum Braten
2 Becher Joghurt à 150 g
2 EL Honig
1 Prise Cayennepfeffer

1. Die Sardellen putzen. Die Köpfe abschneiden und die Fische ausnehmen. Unter fließendem Wasser abwaschen und trockentupfen.
2. Die Sardellen mit der Hälfte des Zitronensafts beträufeln. Mit Salz und Pfeffer würzen und je einen Petersilienzweig hineinlegen.
3. Die Sardellen anschließend im Mehl wenden und durch die verquirlten Eier ziehen.
4. Die Butter in einer Pfanne erhitzen und die Sardellen in der Eihülle goldgelb ausbacken.
5. Den Joghurt mit dem restlichen Zitronensaft und dem Honig verrühren. Mit Salz, Pfeffer und Cayennepfeffer abschmecken. Die Sardellen in der Eihülle mit der Joghurtsauce überziehen und servieren.
(auf dem Foto: links)

Gefüllte Makrelen

Uskumru Bahğı Dolması

Für 4 Personen

Zubereitungszeit: ca. ¾ Std.
ca. 870 kcal

4 mittelgroße Makrelen
(küchenfertig)
Saft von 2 Zitronen
Salz, Pfeffer aus der Mühle
1 Tasse gehackte Petersilie
2 EL Pinienkerne
2 EL Walnußkerne
4 EL Korinthen
125 g Mehl
2 Eier
200 g Paniermehl
125 ml Olivenöl
2 Knoblauchzehen

1. Die Makrelen unter fließendem Wasser abwaschen, trockentupfen und mit dem Zitronensaft beträufeln. Mit Salz und Pfeffer würzen.
2. Die Petersilie, die Nußkerne und die Korinthen miteinander mischen und die Makrelen damit füllen. Sie anschließend im Mehl wenden.
3. Die Makrelen durch die verquirlten Eier ziehen, anschließend im Paniermehl wenden.
4. Das Olivenöl in einer Pfanne erhitzen. Die geschälten, feingehackten Knoblauchzehen darin andünsten und die Makrelen im Knoblauchöl goldgelb braten.
(auf dem Foto: rechts)

Bunte Fischpfanne

Bahk Tavası

Für 4 Personen

Zubereitungszeit: ca. ¾ Std.

ca. 560 kcal

2 Knoblauchzehen
1 TL Salz
2 EL Butter
2 Zwiebeln
1 rote Paprikaschote
1 grüne Paprikaschote
1 Lorbeerblatt
1 Zweig Thymian
250 g frische Champignons
Saft von 3 Zitronen
2 EL Tomatenmark
¼ l Rotwein
400 g frische Garnelen
250 g Seebarschfilet (küchenfertig)
250 g Thunfischfilet (küchenfertig)
250 g Sardellen
Pfeffer aus der Mühle
1 Prise Zucker
1 Prise Cayennepfeffer
je 1 Bund Petersilie, Minze und Dill

1. Die Knoblauchzehen schälen, fein hacken und mit Salz zerreiben. Die Butter in einer Pfanne erhitzen und den Knoblauch darin andünsten.
2. Die geschälten, feingehackten Zwiebeln ins Knoblauchfett geben und darin glasig dünsten.
3. Die Paprikaschoten halbieren, entkernen, waschen, gut abtropfen lassen und in Würfel schneiden. Sie mit dem Lorbeerblatt und dem Thymianzweig zu den Zwiebeln geben und kurz mitdünsten.
4. Die Champignons putzen, halbieren und mit einem Drittel des Zitronensafts beträufeln. Zum Gemüse geben und 4 bis 5 Minuten mitdünsten.
5. Das Tomatenmark darunterrühren und das Ganze mit dem Rotwein auffüllen. Bei mäßiger Hitze 6 bis 8 Minuten köcheln lassen.
6. Die Garnelen unter fließendem Wasser abwaschen. Gut abtropfen lassen und in Salzwasser kurz blanchieren.
7. Die Garnelenschwänze aus den Schalen herauslösen und bereitlegen.
8. Das Seebarschfilet, das Thunfischfilet und die Sardellen mit den Garnelen mischen und alles mit dem restlichen Zitronensaft beträufeln, dann 5 bis 10 Minuten ziehen lassen.
9. Die Garnelen und den Fisch zum Gemüse geben. Mit Salz, Pfeffer, Zucker und Cayennepfeffer kräftig abschmecken.
10. Das Ganze bei niedriger Hitze 15 bis 20 Minuten köcheln lassen.
11. Die Fischpfanne nochmals kräftig abschmecken und mit den verlesenen, gewaschenen und gehackten oder geschnittenen Kräutern bestreut servieren.

(auf dem Foto oben)

Schwertfischscheiben aus dem Backofen

Kılıçbalığı Fırında

Für 4 Personen

Zubereitungszeit: ca. ¾ Std.

ca. 490 kcal

4 Schwertfischscheiben à 250 g
Saft von 2 Zitronen
Salz, Pfeffer aus der Mühle
1 Tasse gehackter Dill
4 Tomaten, 4 Zwiebeln
1 unbehandelte Zitrone
100 g Butter
2 Lorbeerblätter
¼ l Weißwein

1. Die Fischscheiben unter fließendem Wasser abwaschen, trockentupfen und mit dem Zitronensaft beträufeln. Salzen, pfeffern und mit dem Dill bestreuen.
2. Die Tomaten enthäuten, entkernen und würfeln. Die Zwiebeln schälen und in feine Scheiben schneiden. Die Zitrone waschen und in Scheiben schneiden. Den Ofen auf 180° C vorheizen.
3. Die Butter in einem Topf erhitzen. Die Tomaten, die Zwiebeln, die Zitronen und die Lorbeerblätter hineingeben und kurz andünsten. Den Weißwein angießen und das Ganze zum Kochen bringen, salzen und pfeffern.
4. Die Schwertfischscheiben auf das Gemüse legen und zugedeckt im Backofen etwa 20 Minuten garen.
5. Anschließend alles nochmals abschmecken.

(auf dem Foto unten)

Süsse Köst-lichkeiten

In der türkischen Küche kommen alle Schleckermäuler voll auf ihre Kosten. Hier wird an Nüssen, Honig, Zucker, Rosenwasser, Zimt und Früchten nicht gespart. Wie die Haremsdamen in 1001 Nacht kann man von leckeren Puddings, buttrigem Gebäck und Kuchen genüßlich naschen. Danach mundet ein türkischer Mokka um so besser.

(Erdbeergelee, Rezept Seite 56)

Erdbeergelee

Çilek Reçeli

Für 4 Personen

Zubereitungszeit: ca. 1 Std.
ca. 730 kcal

- *½ l Wasser*
- *250 g Zucker*
- *2 Zimtstangen*
- *2 Vanilleschoten*
- *12 Blatt weiße Gelatine*
- *500 g Erdbeeren*
- *4 Kugeln Vanilleeis*
- *geschlagene, gesüßte Sahne*
- *125 g Pistazien und Pinienkerne*

1. Zunächst ½ l Wasser, den Zucker, die Zimtstangen und das ausgekratzte Vanillemark in einen Topf geben. Alles zum Kochen bringen und auf etwa zwei Drittel reduzieren. Die Blattgelatine in kaltem Wasser einweichen.
2. In der Zwischenzeit die Erdbeeren putzen und waschen. Sie mit dem Schneidstab pürieren und in das Zuckerwasser einrühren.
3. Das Ganze vom Herd nehmen. Die gut ausgedrückte Blattgelatine darin unter ständigem Rühren auflösen.
4. Das Gelee portionsweise in Schälchen anrichten und im Kühlschrank vollständig erkalten lassen.
5. Danach das Erdbeergelee stürzen und mit der Eiscreme und der geschlagenen, gesüßten Sahne garnieren. Mit den Nüssen bestreut servieren.

(auf dem Foto S. 54)

Fruchtpudding

Meyveli Puding

Für 4 Personen

Zubereitungszeit: ca. ¾ Std.
ca. 590 kcal

- *250 g Aprikosen*
- *250 g Weintrauben*
- *250 g Pflaumen*
- *250 g Erdbeeren*
- *Saft von 1 Zitrone*
- *Saft von 2 Orangen*
- *2 Vanilleschoten*
- *250 g Zucker*
- *125 g Speisestärke*
- *geschlagene, gesüßte Sahne*
- *Früchte zum Garnieren*

1. Die Aprikosen, die Trauben und die Pflaumen waschen, halbieren und entkernen.
2. Die Erdbeeren putzen, waschen und mit den übrigen Früchten in einen Topf geben.
3. Den Zitronensaft, den Orangensaft, das ausgekratzte Vanillemark, 125 ml Wasser sowie den Zucker dazugeben und das Ganze bei starker Hitze 8 bis 10 Minuten kochen lassen.
4. Die Früchte durch ein Sieb streichen und mit der mit etwas Wasser angerührten Speisestärke mischen. Bei mäßiger Hitze und unter ständigem Rühren das Ganze stocken lassen.
5. Den Fruchtpudding portionsweise anrichten, vollständig erkalten lassen. Mit der Sahne und den Früchten garniert servieren.

(auf dem Foto: oben)

Griessspeise mit Nüssen

Irmik Helvası

Für 4 Personen

Zubereitungszeit: ca. 50 Min.
ca. 1080 kcal

- *125 g Butter*
- *250 g Weizengrieß*
- *25 g Walnußkerne*
- *25 g Mandelsplitter*
- *25 g Pistazienkerne*
- *25 g Pinienkerne*
- *125 g Korinthen*
- *360 g Zucker*
- *½ l Milch*
- *1 EL abgeriebene Schale einer unbehandelten Zitrone*
- *2 Vanilleschoten*
- *2 EL Zimtpulver*
- *gehackte Nüsse zum Bestreue[n]*

1. Die Butter in einem Topf zergehen lassen. Den Grieß und die Nüsse dazugeben und darin unter ständigem Rühren goldgelb rösten. Die Korinthen dazugeben.
2. Dann 300 g Zucker, die Milch, die Zitronenschale und das ausgekratzte Vanillemark mischen und in einem anderen Topf erhitzen.
3. Die kochende Milch übe[r] die Grießmischung gießen und den Grieß unter ständigem Rühren bei milder Hitze 10 bis 15 Minuten ausquellen lassen.
4. Vom Herd nehmen und zugedeckt etwa ¼ Stunde ziehen lassen. Den restlichen Zucker, das Zimtpulver und die Nüsse mischen und die Grießspeise damit bestreuen.

(auf dem Foto: unten)

NUSSHÖRNCHEN

Baklava

Für 4 Personen

Zubereitungszeit: ca. 1 Std.
Zeit zum Ruhen: ca. 1 Std.
ca. 990 kcal

Für den Teig:

250 g Mehl, ½ TL Backpulver
125 g Butter
60 g Zucker, 1 Ei
1 EL Joghurt, 1 Eigelb

Für die Füllung:

100 g eingeweichte Korinthen
50 g gehackte Walnüsse
50 g gehackte Haselnüsse
50 g gehackte Mandeln
4 Eigelb, 4 EL Zucker
1 Päckchen Vanillezucker
Eigelb zum Bestreichen
Butter für das Backblech

1. Die Teigzutaten auf einer bemehlten Arbeitsfläche zu einem kompakten Teig verarbeiten. Ihn zugedeckt im Kühlschrank 1 Stunde ruhen lassen.
2. Die Korinthen mit den Nüssen, den Eigelben, dem Zucker und dem Vanillezukker mischen. Den Backofen auf 180° C vorheizen.
3. Den Teig etwa ½ cm dick ausrollen und Dreiecke ausschneiden. Die Füllung in kleinen Häufchen darauf setzen, die Dreiecke zusammenrollen und mit verquirltem Eigelb bestreichen.
4. Die Hörnchen auf ein ausgefettetes Backblech setzen und 15 bis 25 Minuten backen.
(auf dem Foto: links)

Frauennabel

Kadın Göbeği

Für 12 bis 16 Stücke
Zubereitungszeit: ca. 1 Std.
ca. 1220 kcal

¾ l Wasser, 500 g Zucker
75 g Butter
1 TL abgeriebene Schale einer unbehandelten Zitrone
1 Prise Salz
250 g Mehl, 4 Eier
Olivenöl zum Ausbacken
Saft von ½ Zitrone
250 g gemischte gemahlene oder gehackte Nüsse

1. Zunächst 375 ml Wasser mit 125 g Zucker in einen Topf geben und etwa 5 Minuten kochen lassen. Die Butter, die Zitronenschale und das Salz hinzufügen.
2. Das gesiebte Mehl unter ständigem Rühren auf einmal zum Wasser geben. Rühren, bis sich der Teigkloß vom Topfboden löst.
3. Nach und nach die Eier darunterschlagen.
4. Aus dem Teig walnußgroße Kugeln formen und mit dem Daumen eine Vertiefung hineindrücken. Die Teigkugeln in schwimmendem Öl goldgelb ausbacken.
5. Den restlichen Zucker, 375 ml Wasser und den Zitronensaft in einem Topf 10 bis 15 Minuten sirupartig einkochen lassen.
6. Die erkalteten Teigstücke mit dem heißen Sirup übergießen und mit den Nüssen bestreut servieren.
(auf dem Foto: rechts)

Nuss-Honig-Auflauf

Ballı Fındık Suflesi

Für 16 Stücke

Zubereitungszeit: ca. 1 Std.
Zeit zum Ruhen: ca. ½ Std.
ca. 240 kcal

250 g Mehl, 2 Eier
1 TL Olivenöl
Mehl zum Ausrollen
Butter für die Form
je 75 g Mandeln, Walnüsse, Pinien und Pistazienkerne
1 EL Zimtpulver
125 g flüssige Butter
250 g Honig
Saft von 1 Zitrone

1. Das Mehl, die Eier und das Öl zu einem Teig verarbeiten und ihn im Kühlschrank zugedeckt etwa ½ Stunde ruhen lassen.
2. Anschließend den Teig in 6 Stücke teilen und sie auf einer bemehlten Arbeitsfläche ausrollen. Den Backofen auf 220° C vorheizen.
3. Eine kleine Kastenform ausfetten und eine Teigplatte hineinlegen. Die gehackten Nüsse und das Zimtpulver mischen. Etwas flüssige Butter auf die Teigplatte streichen und etwas von der Nußmischung darüberstreuen.
4. Ebenso die anderen Teigplatten in die Form legen, jeweils mit einer Butter-Nuß-Schicht dazwischen. Den Abschluß soll eine Teigplatte bilden. Die restliche Butter darüber verteilen und das Ganze 40 bis 45 Minuten backen.
5. Den Honig mit dem Zitronensaft erhitzen und über den lauwarmen Auflauf verteilen, diesen vollständig erkalten lassen.
(auf dem Foto: oben)

Mandel-Pfannkuchen

Badem Ezmesi

Für 4 Personen

Zubereitungszeit: ca. ½ Std.
ca. 540 kcal

250 g Mehl, ¼ l Milch
1 Prise Salz
75 g Mandelsplitter
1 TL abgeriebene Schale einer unbehandelten Zitrone
1 Päckchen Vanillezucker
2 Eigelb, 2 Eiweiß
Butter zum Ausbacken
125 g Honig

1. Das Mehl mit der Milch in eine Schüssel geben und zu einem glatten Teig verrühren. Das Salz, die Mandelsplitter, die Zitronenschale, den Vanillezucker sowie die Eigelbe darunterrühren.
2. Die Eiweiße sehr steif schlagen und vorsichtig unter den Teig heben.
3. Die Butter in einer Pfanne erhitzen und aus dem Teig darin portionsweise Mandelpfannkuchen ausbacken. Immer wieder etwas Butter hinzugeben.
4. Die Pfannkuchen mit etwas erwärmtem Honig bestreichen.
(auf dem Foto: unten)

Joghurtkuchen

Yoğurt Tatlısı

Für 4 Personen

Zubereitungszeit: ca. 1¼ Std.
ca. 940 kcal

2 Eier, 500 g Zucker
250 g Joghurt
250 g Mehl, 1 TL Backpulver
25 g gehackte Mandeln
25 g gehackte Pistazien
25 g gehackte Pinienkerne
50 g eingeweichte Korinthen
Butter für die Form
Saft von ½ Zitrone
geschlagene, gesüßte Sahne

1. Die Eier, die Hälfte des Zuckers und den Joghurt in eine Schüssel geben und mit dem Schneebesen so lange rühren, bis sich der Zucker gelöst hat. Den Backofen auf 180° C vorheizen.
2. Das Mehl mit dem Backpulver mischen, vorsichtig unter den Teig ziehen.
3. Die Nüsse und die Korinthen daruntermischen und den Teig in eine ausgefettete runde Backform geben. Im Backofen 35 bis 40 Minuten backen. Danach den Kuchen stürzen und auskühlen lassen.
4. Dann ¼ l Wasser, den restlichen Zucker und den Zitronensaft in einen Topf geben und 10 bis 15 Minuten sprudelnd kochen lassen, bis ein Sirup entstanden ist. Anschließend den heißen Sirup über den kalten Kuchen gießen. Diesen mit der Sahne garnieren.
(auf dem Foto: Mitte)

Türkisch-deutsches Lexikon

antepfıstığı	– Pistazienkerne
baharat	– Gewürz
baklava	– Honigkuchen
bal	– Honig
bamya	– Okra
biber	– Pfeffer
bulgur	– Weizengrütze
çay	– Tee
çorba	– Suppe
dana	– Kalb
dolma fıstığı	– Pinienkerne
domates	– Tomaten
ekmek	– Brot
enginar	– Artischocken
gul suyu	– Rosenwasser
hamsı, sardalya	– Sardellen
incir	– Feigen
kabak	– Zucchino
kahve	– Kaffee
karpuz / kavun	– Melonen
kaymak	– Sahne
kebap	– Röstfleisch
kırmızı biber	– Paprika
kıyma	– Hackfleisch
köfte	– Frikadellen
koyun	– Hammel
kümes hayvanları	– Geflügel
kuru üzüm	– Rosinen
kuzu	– Lamm
limon	– Zitrone
macar gulaş	– Gulasch
meze	– Vorspeisen
nane	– Minze
nar	– Granatapfel
pasta	– Kuchen
patlıcan	– Auberginen
peynir	– Käse
pide	– Fladenbrot
pirinç	– Reis
salata	– Salat
salatalık	– Gurken
sarmısak	– Knoblauch
sebze	– Gemüse
şeker	– Zucker
şerbet	– Zuckersirup
sığır eti	– Rindfleisch
şiş	– Spieß
sivri biber	– Peperoni
soğan	– Zwiebeln
sufle (firin)	– Auflauf
tarçin	– Zimt
tatlilar	– Nachspeisen
tavuk	– Huhn
tereyağı	– Butter
türk kahvesi	– Mokka
tuz	– Salz
un	– Mehl
yaprak	– Weinblätter
yaprak hamuru	– Blätterteig
yeşil biber	– Paprikaschoten
yogurt	– Joghurt
yumurta	– Ei
zeytin	– Oliven
zeytinyağı	– Olivenöl

FALKEN-FEINSCHMECKER

ISBN: 3-8068-**1192**-X

ISBN: 3-8068-**1191**-1

Eine weitere Auswahl aus unserer Kochbuchreihe:

Lamm
ISBN: 3-8068-**1090**-7

Fisch
ISBN: 3-8068-**0964**-X

Meeresfrüchte
ISBN: 3-8068-**0886**-4

Pfannengerichte
ISBN: 3-8068-**1007**-9

Knoblauch
ISBN: 3-8068-**0867**-8

Kartoffeln
ISBN: 3-8068-**1032**-X

Karibische Drinks
ISBN: 3-8068-**1150**-4

Mixen mit Milch
ISBN: 3-8068-**1151**-2

Italienische Spezialitäten
ISBN: 3-8068-**1152**-0

Chinesische Spezialitäten
ISBN: 3-8068-**1153**-9

Gerichte für eine Person
ISBN: 3-8068-**1154**-7

Brotaufstriche
ISBN: 3-8068-**1155**-5

Suppen
ISBN: 3-8068-**1031**-1

Aufläufe
ISBN: 3-8068-**0882**-1

Saucen
ISBN: 3-8068-**0817**-1

Gemüse
ISBN: 3-8068-**1061**-3

Brunch
ISBN: 3-8068-**1033**-8

Kochen mit Mikrowellen
ISBN: 3-8068-**0818**-X

Nudeln
ISBN: 3-8068-**0884**-8

Antipasti
ISBN: 3-8068-**1006**-0

Grillen
ISBN: 3-8068-**0931**-3

Fleischfondues
ISBN: 3-8068-**0966**-6

Schlemmersalate
ISBN: 3-8068-**0934**-8

Kräuterküche
ISBN: 3-8068-**0869**-4

Müsli & Co.
ISBN: 3-8068-**0965**-8

Vollwertkost für Kinder
ISBN: 3-8068-**0968**-2

Vollkorngebäck
ISBN: 3-8068-**0816**-3

Desserts
ISBN: 3-8068-**0885**-6

Toasts und Sandwiches
ISBN: 3-8068-**1109**-1

Longdrinks
ISBN: 3-8068-**1162**-1

Jeder Band mit 64 Seiten und ca. 50 Farbfotos zum Preis von DM 9,80, S 79,–, SFr 9,80

FALKEN

Rezeptverzeichnis

Abkürzungen:

EL	=	Eßlöffel
TL	=	Teelöffel
g	=	Gramm
kg	=	Kilogramm
ml	=	Milliliter
l	=	Liter
Msp.	=	Messerspitze
Tasse	=	125 ml = ⅛ l

Alle **Kalorienangaben** in diesem Buch beziehen sich auf eine Portion des jeweiligen Gerichtes. Die **Zubereitungszeit** umfaßt die Vorbereitungs- sowie die Garzeit, falls keine gesonderten Angaben gemacht werden.

Elektrobackofen	**Gasher**
150° C/160° C	Stufe 1
175° C/180° C	Stufe 2
200° C	Stufe 3
220° C/225° C	Stufe 4
240° C	Stufe 5
250° C	Stufe 6

„FALKEN Feinschmecker" ist eine exquisite Kochbuchreihe, deren Bände immer einem besonderen Thema gewidmet sind. So kommt jeder Genießer auf seine Kosten. Fragen Sie Ihren Buchhändler.

Die Deutsche Bibliothek – CIP-Einheitsaufnahme

Vom Bosporus zum Ararat :
türkische Spezialitäten / Saleh Dogan. –
Niedernhausen/Ts. : FALKEN, 1991
(FALKEN Feinschmecker)
ISBN 3-8068-1191-1
NE: Dogan, Saleh

ISBN 3 8068 11911

Titelbild: Brigitte Harms, Hamburg (Rezept „Hammelgulasch" S. 40)
Fotos: Brigitte Harms, Hamburg; Fotos S. 1, 2, 4 und 8 Silvestris Fotoservice (S. 1 Robert Harding, S. 2 Josef Pavenzinger, S. 4 und 8 Josef Lughofer), Kastl/Obb.; S. 6: Michael Wissing BFF, Waldkirch; S. 7 und 11: diyapress Photoagentur (S. Guener), Mainz
Foodstyling: Irmtraud Oppermann
Gesamtkonzeption: Falken-Verlag GmbH,
D-6272 Niedernhausen/Ts.

817 2635 4453 6271